汽车图典

让孩子着迷的61种世界名车

孙雪松 主编

化学工业出版社
·北京·

图书在版编目（CIP）数据

汽车图典：让孩子着迷的61种世界名车 / 孙雪松主编 .—北京：化学工业出版社，2023.6（2024.4重印）

ISBN 978-7-122-43145-5

Ⅰ . ①汽… Ⅱ . ① 孙 … Ⅲ . ①汽车 - 世界 - 儿童读物 Ⅳ . ① U469-64

中国国家版本馆 CIP 数据核字（2023）第 049918 号

责任编辑：龙　婧

责任校对：李　爽

出版发行：化学工业出版社（北京市东城区青年湖南街 13 号　邮政编码 100011）

印　　装：北京瑞禾彩色印刷有限公司

889mm×1194mm　1/20　印张 6　2024 年 4 月北京第 1 版第 2 次印刷

购书咨询：010-64518888

售后服务：010-64518899

网　　址：http：//www.cip.com.cn

凡购买本书，如有缺损质量问题，本社销售中心负责调换。

定价：39.80 元

前言

我们走出家门，眼前就是街道上来来往往的汽车。汽车被人们称为“改变世界的机器”，事实也的确如此。从诞生到现在，汽车轰轰烈烈地向前发展了一百多年，不仅成为当今人们出行最重要的交通工具，还对现代人日常生活的方方面面都产生了巨大的影响。那么，你认识哪些品牌的汽车呢？它们都有哪些经典车型？

我们用通俗简洁又不失生动的文字和精美写实的手绘插图，编写了这本《汽车图典：让孩子着迷的 61 种世界名车》，带领读者们领略汽车百年的传奇变迁，感受世界各地的汽车品牌文化。接下来，就让我们一起去探寻汽车世界的风采吧！

目录

欧美车系
布加迪威航 Super Sport

奔驰汽车

奔驰汽车公司是现代汽车工业的“先驱”，也是整个汽车历史中的“楷模”。过去的 130 多年间，它久经风雨，见证了岁月的沧桑和时代的变迁。在漫漫历史长河中，奔驰汽车公司始终屹立不倒，并创造了无数个“行业第一”。时至今日，它仍然是汽车企业中最耀眼的存在。

汽车档案

奔驰汽车的标志是三叉星，象征着奔驰公司征服陆、海、空的愿望。

戴姆勒与儿子驾乘“戴姆勒一号”外出

卡尔·本茨和他的妻子

奔驰早期车型

1929 年，梅赛德斯 - 奔驰 Nurburg 460

梅赛德斯－奔驰770K（德国，1930年）

梅赛德斯－奔驰E级W120（德国，1953年）

梅赛德斯－奔驰300 SL跑车（德国，1955年）

梅赛德斯－奔驰600（德国，1963年）

梅赛德斯－奔驰G-Wagen（德国，1979年）

2016年的G65

梅赛德斯－奔驰SLR（德国，2003年）

一个奥地利企业家订购了奔驰大量的汽车，并取得了许多地区的独家代理权，又要求用女儿梅赛德斯的名字为汽车冠名。

迈巴赫

1919 年，迈巴赫父子研制出一款概念车，从此拉开了这个豪华汽车品牌的序幕。1960 年，迈巴赫被奔驰收购，继续缔造着迈巴赫神话。

汽车档案

迈巴赫标志由一个球面三角形和两个重叠的 M 组成。现在它多使用奔驰车标。

迈巴赫 齐柏林 DS8（德国，1931年）

迈巴赫 SW35（德国，1935 年）

迈巴赫 62（德国，2002 年）

AMG

AMG 公司成立于1967 年，最初仅从事汽车改装业务。随着时间的推移，它渐渐吸引了奔驰公司的目光。1990 年，AMG 正式成为奔驰的一员。

AMG GT 63 S（德国，2018 年）

AMG Project ONE（德国，2018 年）

Smart

不同的汽车类型各有差别，面对的消费人群也不一样。1994 年，戴姆勒 - 奔驰公司与瑞士 Swatch 集团合作成立 MCC 公司，开始打造微型车。2000 年，MCC 公司归戴姆勒 - 奔驰公司所有，改名为“Smart GmbH”。

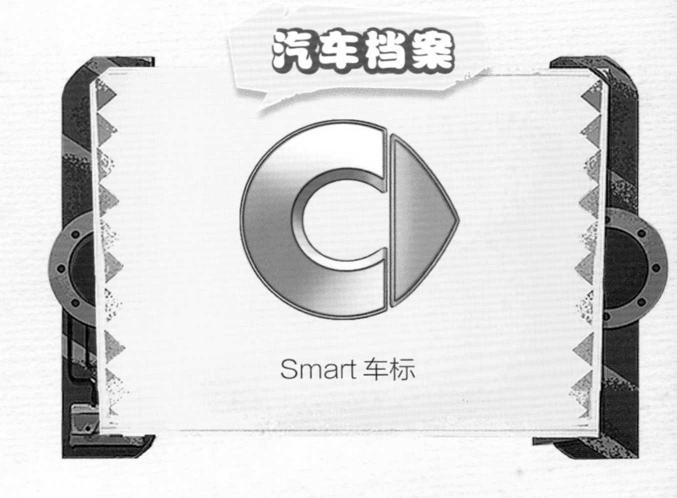

Smart 车标

Smart city（法国，1998 年）

从 2000 年开始，每年追求潮流的 Smart 粉丝们都会选择在某个地方聚会，举行一场盛大的狂欢派对，这也被称为“Smart times”。

2004 年，Smart city 改名为“Smart fortwo”。

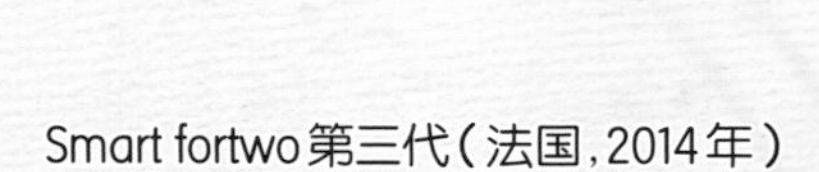
Smart fortwo 第三代（法国，2014 年）

Smart times

乌尼莫克

第二次世界大战结束后，曾在戴姆勒－奔驰公司就职的艾伯特·弗里德里希怀揣梦想，经过不断努力，在1946年研制出了“Unimog”。可后来因为工厂产能不够，缺乏资金，艾伯特·弗里德里希不得不将乌尼莫克卖给戴姆勒－奔驰。

福特汽车

福特从“制造人人都买得起的汽车”理念出发，不断超越，经过一个世纪的洗礼，铸就了今天风光无限的世界汽车公司。

汽车档案

1927年，福特开始使用新车标。

福特野马车标

福特雷鸟车标

福特公司开发了世界上第一条流水线，让汽车成了一种大众消费品。

1931年，林肯推出了它加入福特的首款新车型“Lincoln Model K”。

1948年福特生产的F-1皮卡。

阿斯顿·马丁加入福特后，于1999年推出的DB7VantageVolante汽车。

在福特汽车发展的历史长河中，曾经出现过很多经典车型。它们风格鲜明，形态各异，有的甚至是流行风向标，曾一度引领时代潮流。从某种意义上来说，这些车型就是福特的高光时刻，正是它们的车辙组成了福特的辉煌历史。

第二代福特 GT（美国，2016 年）

福特 F150（美国，1948 年）

第一代福特雷鸟 Thunderbird（美国，1954 年）

福特特地为电影《太阳鸟》打造的“雷鸟一号 FAB 1”概念车。

第一代福特野马 Mustang（美国，1964 年）

福特维多利亚皇冠警用拦截者（美国，1992 年）

2014 款新一代 F150 皮卡

林肯

自从加入福特之后，林肯开始焕发出新的生命力，无论汽车造型还是格调都变得越发“迷人”。慢慢地，它成了极致奢华与高端品质的象征，深受多位美国总统的青睐，被人们冠以“总统座驾”的美名。一步一步走来，林肯正像福特之子埃德塞尔·福特期许的那样，每一款汽车都成了世人难忘的经典。

1955 年之后，林肯开始使用十字星图案做车标。

林肯是美国豪华汽车的开拓者——亨利·利兰在 1907 年创立的汽车品牌。1922 年，因为经济萧条及经营不善等因素，林肯公司破产并最终被福特所有。

林肯 V12 敞篷车（1939 年）

林肯大陆 74A 敞篷车（1961 年）

1938 年生产的林肯 Continental 被建筑师弗兰克·劳埃德·赖特称赞为“世界上最美丽的汽车”。

林肯大陆（1969 年）

1969 年，时任美国总统理查德·米尔豪斯·尼克松换了一辆全新的林肯大陆轿车当座驾。这辆车最高速度可达 205 千米 / 时，百千米加速需要 11.1 秒。尼克松之后，新的总统杰拉尔德·鲁道夫·福特在任期间使用的也是这辆车。

林肯大陆加长版（1972 年）

从 1983 年开始，里根总统的座驾换成了凯迪拉克，之后，林肯汽车渐渐摘下了总统专车的光环。

林肯第四代领航员（美国，2017 年）

大众汽车

大众是一个超级汽车集团，位居世界十大汽车公司的前列，在全世界许多国家都设有生产工厂。作为一个辉煌而又悠久的汽车品牌，大众用一如既往的卓越品质，征服了一代又一代人。时间的车轮在转动，这个由“制造平民汽车”发展而来的企业，用数不清的荣耀勾勒出了属于自己的灿烂历史。

汽车档案

大众车标历经多次演变，但始终保有“V”和“W”两个字母。

1936 年，大众的厂房建立起来。1937 年，大众汽车公司正式成立，生产“廉价汽车”，以满足普通大众的需要。

第一辆甲壳虫“KdF-Wagen”

“二战”期间大众生产的 Type 82

甲壳虫（德国，1949 年）

1950年，大众推出了多功能车型Type 2。这款车一直以来都深受消费者欢迎。

大众帕萨特B1（德国，1973年）

大众甲壳虫SilverBug（德国，1981年）

大众高尔夫R32（德国，2002年）

第五代大众Polo（德国，2009年）

第三代大众途锐（德国，2018年）

布加迪

有人说，布加迪不仅仅是一种汽车，更像是一个奢侈品和一种艺术符号。一路走来，它既创造过很多辉煌的战绩，尊享过无上荣光，也经历过衰落和几经转手的沧桑。1998 年，布加迪变成了大众集团的一分子，并成为其一个独立运营的汽车品牌。

椭圆形的标志一直是布加迪的“名片”。

布加迪汽车的创始人是埃托里·布加迪。1881 年，他出生在意大利米兰的一个艺术家庭，小时候就对赛车钟爱有加，喜欢参加各种比赛。23 岁时，埃托里·布加迪与法国的一家汽车公司合作，开始设计生产汽车。1909 年，布加迪在法国的莫尔塞姆正式创立了布加迪汽车厂。

布加迪 Type 41 Royale（意大利，1927 年）

布加迪 Type 35（意大利，1924 年）

马蹄形进气格栅一直是布加迪汽车的标志。

布加迪 EB 110（意大利，1991 年）

布加迪 EB 218 概念车（意大利，1999 年）

布加迪威航 Super Sport（意大利，2011 年）

斯柯达

斯柯达曾是世界上历史最悠久的四家汽车生产商之一，在汽车行业“资历”很深。可是它却饱经风霜，几经战乱、政变及兼并之苦，最终在 1991 年被大众集团收购。如今，这个拥有百年历史的“老前辈”，在大众的引领下，依然活跃在汽车市场上，展示着自己与众不同的风采。

从 2012 年开始，斯柯达汽车开始使用“绿意更盛”的全新车标。

1895 年，捷克人瓦茨拉夫·克莱门特与瓦茨拉夫·劳伦一起开了一家工厂，主要生产和维修自行车。这就是斯柯达的雏形。四年之后，他们开始生产摩托车。很快，这家公司又改变经营方向，在 1905 年转而生产汽车。让人惊喜的是，第一辆汽车 Voiturette 面世后，大获成功。

Voiturette A（捷克，1905 年）

Hispano Suiza（捷克，1926 年）

斯柯达Felicia（捷克,1961年）

1977 年，130 RS 在蒙特卡洛拉力赛中“技压群雄”，拿到了同组别冠、亚军。1981 年，在欧洲场地锦标赛中，它再次展现出非凡实力，居然在六轮比赛中获得满分，问鼎成功。

斯柯达130 RS（捷克,1975年）

第三代斯柯达明锐Octavia（捷克,2013年）

宾利

每一款宾利车身上都有一种“与生俱来”的贵族气质。对很多人来说，宾利就是他们毕生追求的梦想。哪怕只是一次乘坐，甚至是一次触摸，都能勾起他们内心对美好生活的无限向往。

汽车档案

宾利的车标是以公司名首字母“B”为主体，两侧有一对翅膀，看起来就像翱翔的雄鹰一般。

宾利汽车公司的创始人是华特·欧文·宾利先生。他既是一个赛车爱好者，也是一位出色的机械工程专家。1912 年，20 多岁的宾利和哥哥成立了宾利兄弟公司，着手改进、研发发动机。虽然宾利的汽车事业很快因一战的爆发停滞了，但 1919 年，宾利先生再次组建了宾利汽车公司。1931 年，宾利公司因经济危机及经营问题陷入困境，危急时刻，劳斯莱斯买下了它。1998 年，宾利被大众收购，加入大众麾下。

宾利3.0（英国，1919年）

宾利Mark VI（英国，1946年）

宾利R-TYPE（英国，1952年）

宾利State Limousine（英国，2002年）

宾利添越Bentayga（英国，2015年）

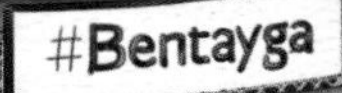

斯堪尼亚

斯堪尼亚拥有 100 多年的悠久历史，技术十分先进，它所生产的巴士、重卡远销全世界，是世界顶级商用汽车制造商之一。2014 年，斯堪尼亚加入了大众麾下。

早在 20 世纪初，斯堪尼亚就制造出了第一辆卡车。

斯堪尼亚 G480 6X2（瑞典，2015 年）

斯堪尼亚Touring（中国，2007年）

太脱拉

太脱拉重卡有多彪悍？它们搭载着 10 缸或 12 缸的风冷发动机，匹配着十速卧式变速箱，而且低速扭矩也十分厉害。坦克爬不了的坡，它们能！高山、沟坎难过，它们能！许多硬派越野车在“世界越野车之王”面前，都显得非常弱小。

太脱拉凤凰（PHOENIX）限量版（德国，2017 年）

1956 年，太脱拉推出了历史上赫赫有名的 T603 汽车。

奥迪

奥迪汽车的威名享誉国际，在中国，它也是最畅销的汽车品牌之一。从诞生到现在，奥迪已经走过了 100 多个春秋。在这个过程中，它既有过风光无限的闪耀时刻，也曾饱受战火的洗礼，跌落谷底。但正是这一段段辉煌而又曲折的百年历史，铸就了今天独一无二的奥迪。

汽车档案

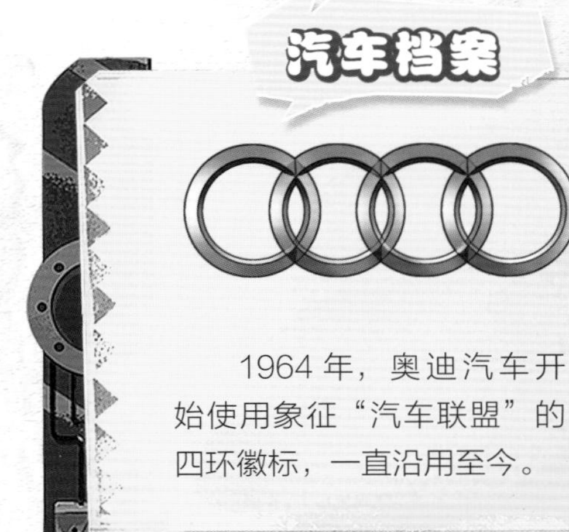

1964 年，奥迪汽车开始使用象征“汽车联盟”的四环徽标，一直沿用至今。

奥迪 100（德国，1968 年）

1909 年，汽车工程师奥古斯特·霍希离开了自己亲手建立的工厂，另立门户创建了“奥迪”公司。很快，第一辆奥迪汽车诞生。

奥迪 920（德国，1938 年）

Quattro 凭借卓越的性能，在多次比赛中拔得头筹，曾先后获得汽车锦标赛、拉力赛等赛事的冠军。
奥迪夸特罗（Quattro）（德国，1980 年）
奥迪 A8（德国，1994 年）
奥迪 Q7（美国，2006 年）
2019 款奥迪 A6L（德国，2019 年）

兰博基尼

在很多人心中，兰博基尼就像一头桀骜不驯的斗牛，激情狂野，追求极限速度。更重要的是，兰博基尼如一款精雕细琢的奢华艺术品，只要它一出场，无数豪车都会黯然失色。

汽车档案

兰博基尼汽车的车标是一个准备发起猛烈攻击的牛，寓意始终勇猛向前，不屈不挠。

1949 年，颇具商业头脑的费鲁吉欧·兰博基尼成立了“兰博基尼公司”，主要生产拖拉机和加热设备。兰博基尼对跑车情有独钟，购买了几辆不同品牌的超跑。其中有一辆法拉利不知怎么突然出现了故障，费鲁吉欧·兰博基尼专门去相关部门投诉，可是对方却讥讽他作为一个生产农业机械的人根本不配驾驶法拉利。兰博基尼一怒之下便决定生产跑车，要与法拉利一决高下。

造型极具视觉冲击力的 Countach 曾被誉为“外星车”。它那标志性的剪刀式车门、“楔形”车身，及特别的棱角和线条，无不透露着一种摄人心魄的野性美。在停产之前，它一直雄踞超跑热卖榜单的霸主位置。

兰博基尼Countach（意大利，1974年）

兰博基尼Miura P400（意大利，1968年）

兰博基尼LM002（意大利，1985年）

兰博基尼Reventon（意大利，2007年）

兰博基尼Huracá n Coupé（意大利，2014年）

保时捷

保时捷和大众有很深的渊源，从某种意义上来说，它们都出自一位传奇的汽车工程师之手，是同宗同源的“一父之胞”。正式加入大众之后，保时捷充分发挥自己的优势，为大众集团努力添砖加瓦，创造了许多不可比拟的行业神话。

汽车档案

保时捷车标上除了有一匹腾跃而起的黑马及公司所在地的名字，还有德国国旗、厂徽等元素。它整体看起来就像一块无坚不摧的盾牌。

保时捷的创始人是费迪南德·保时捷，他不但开创了保时捷的历史，还亲自操刀主持设计了大众公司的“鼻祖”——甲壳虫汽车。

保时捷 356（德国，1948 年）

保时捷 911（德国，1963 年）

保时捷 911 最初叫 901，但因标致汽车公司已经把中间带 0 的数字都注册过了，最后保时捷 901 只能改名为 911。

保时捷 928（德国，1977 年）

保时捷 959（德国，1987 年）

第三代保时捷 Cayenne（德国，2017 年）

雪佛兰

雪佛兰在很多人心中有着不可撼动的“神圣”地位，百年来，它一直坚持不懈地革新技术，不断创新设计，只为突破自己，追求更长远的成功。

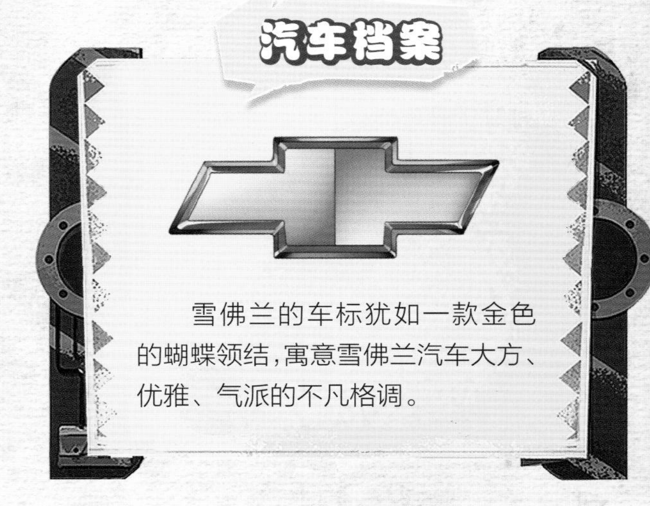

雪佛兰的车标犹如一款金色的蝴蝶领结，寓意雪佛兰汽车大方、优雅、气派的不凡格调。

1908 年，酷爱赛车、精通车辆设计的路易斯·雪佛兰结识了威廉姆·杜兰特。两人一拍即合于 1911 年成立了雪佛兰汽车公司，并很快发布了五座车型——Classic Six。

雪佛兰迈锐宝（美国，1964 年）

雪佛兰克尔维特（美国，1953 年）

雪佛兰科迈罗（美国，1966年）

雪佛兰开拓者K5 Blazer（美国，1969年）

雪佛兰科鲁兹（美国，2010年）

别克

作为最具美国精神的汽车品牌，别克给人一种成熟内敛的感觉。或许正是被这种高雅气质所吸引，很多人才会成为它的“铁杆粉丝”。一个多世纪以来，别克始终不忘初心，敢于突破，在汽车史册上镌刻下了无数的“经典”。

汽车档案

别克汽车的车标看起来像三个盾牌，它象征着积极进取、不断攀登、超越的勇敢精神。

别克汽车的创始人是大卫·邓巴·别克。19 世纪 80 年代末，他最先成立了别克自动化动力公司，主要生产发动机。后来，这家公司几经波折，于 1903 年重组为别克汽车公司，转手给詹姆斯·怀汀，开始生产汽车。1904 年，它又转让到了威廉姆·杜兰特的手上。

1903 年，别克生产的首款车型 Model B

别克 Century（美国，1936 年）

别克 Roadmaster Riviera（美国，1949 年）

Roadmaster Riviera 是世界上首款硬顶敞篷跑车。

别克 Riviera（美国，1963 年）

别克 Park Avenue（美国，1991年）

别克昂科雷 Enclave（美国，2007 年）

市场上大多数 SUV 看起来比较硬朗、霸气十足，而别克却另辟蹊径，于 2007 年推出了典雅、大气又柔美的昂科雷。

凯迪拉克

在汽车发展历史中，凯迪拉克用创新性的设计、极致奢华的格调留下了无数闪亮的足迹。每一款凯迪拉克，都是蕴含时代变迁故事的经典。作为最具代表性的高端汽车品牌，它一直在追求自我突破，努力续写“凯迪拉克风范”，为豪华车“代言”。

凯迪拉克这个名字是为了纪念18 世纪法国底特律城的创建者安东尼·门斯·凯迪拉克而取的。而凯迪拉克的车标设计灵感则是来自于凯迪拉克先生使用过的徽章。

1890 年，机械师出身的亨利·利兰创建了一家生产汽车零部件的公司。可这家公司很快因资金等问题倒闭了。1902 年，胆识过人的亨利·利兰又创建了新的公司——凯迪拉克。

凯迪拉克 Victoria Coupe（美国，1918 年）

美国流行巨星“猫王”一生之中曾拥有100多辆凯迪拉克，其中就包括一辆粉色的“萌宠”。

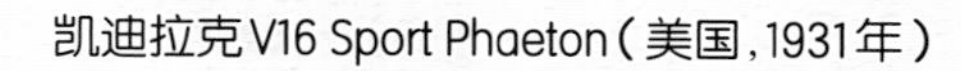
凯迪拉克V16 Sport Phaeton（美国，1931年）

凯迪拉克le mans（美国，1953年）

凯迪拉克Eldorado（美国，1967年）

凯迪拉克Allante（美国，1987年）

凯迪拉克ATS（美国，2012年）

欧宝

从缝纫机到自行车，再从自行车到汽车，欧宝自成立至今，已有 100 多年的悠久历史了。期间，它遭遇过两次致命的大火，也曾饱受世界大战的考验，但都顽强地生存了下来。现在，欧宝依旧保持旺盛的生命力，演绎着属于自己的传奇故事。

1863 年，Adam Opel 创建了欧宝公司，最初主要生产自行车和缝纫机。19 世纪 80 年代末，阿德姆·奥贝尔的儿子们决定涉足汽车制造业，从而拉开了欧宝生产汽车的序幕。

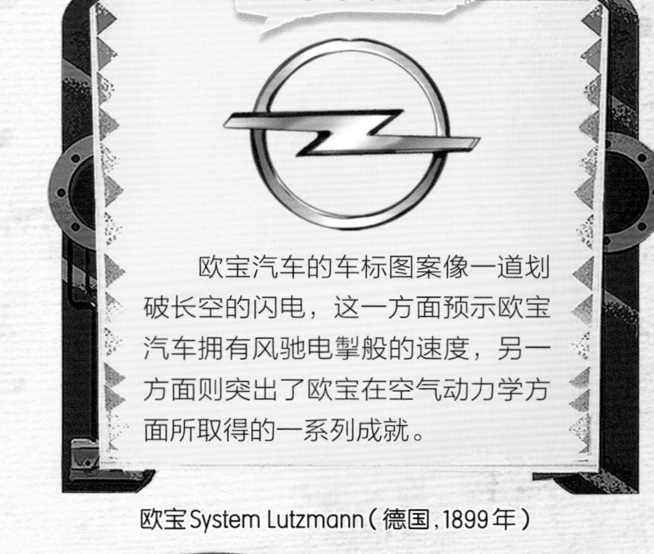

汽车档案

欧宝汽车的车标图案像一道划破长空的闪电，这一方面预示欧宝汽车拥有风驰电掣般的速度，另一方面则突出了欧宝在空气动力学方面所取得的一系列成就。

欧宝 System Lutzmann（德国，1899 年）

欧宝 Laubfrosch（德国，1924 年）

欧宝 Captain（德国，1939 年）

欧宝Adam（德国，2014年）

菲亚特

在长达一个多世纪的时间里，菲亚特一直占据着“欧洲最大汽车制造商”的宝座。它是意大利的神话，也是整个汽车行业璀璨的明珠。虽历经了百年风雨，可菲亚特并未老去，风采依旧。

菲亚特车标上的字母来源于意大利都灵汽车厂意大利文名字的首字母。

菲亚特的首款车型 FIAT 3 1/2 HP，看起来有点儿像马车。

1899 年，时任意大利维拉尔帕洛沙市市长的乔瓦尼·阿涅利，联合一些贵族和企业家共同建立了都灵汽车制造厂。1900 年，工厂正式落成，不过当时工厂规模不大，工人也只有 150 名，主要生产、制造微型车。

1902 年，蓝旗亚创始人驾驶菲亚特 24 HP Corsa 参加比赛。

菲亚特公司 1908 年生产的 1 FIACRE 车，在当时的纽约、巴黎、伦敦的街头随处可见。

菲亚特500 Topolino（意大利，1936年）

1955 年，菲亚特 600 上市。它以亲民的价格和良好的燃油经济性为菲亚特赢得了口碑。

菲亚特124 Sport Spider（意大利，1966年）

菲亚特Panda（意大利，1980年）

2014 款菲亚特致悦 Ottimo

菲亚特Palio（意大利，1997年）

菲亚特500 L（意大利，2012年）

蓝旗亚

论资历，蓝旗亚不及福特、大众这样的“老前辈”；论吸引力，比法拉利、兰博基尼这样的大品牌略逊一筹。但不走寻常路的蓝旗亚却创造了辉煌的历史，拥有无数闪耀时刻。蓝旗亚不向往浮华，也不喜欢随波逐流，唯有性能与品位才是它一直以来的执着追求。

蓝旗亚的车标文字取自于创始人文森佐 · 蓝旗亚的名字，而“蓝旗亚”在意大利语中的意思是长矛。

1906 年，年仅 25 岁的文森佐 · 蓝旗亚在意大利都灵创建了“蓝旗亚”公司。

蓝旗亚 Alpha（意大利，1907 年）

蓝旗亚 Lambda（意大利，1922 年）

蓝旗亚 Stratos HF（意大利，1974年）

蓝旗亚 Ardea（意大利，1948年）

蓝旗亚 Thesis（意大利，2002年）

1950年，蓝旗亚继续领跑，推出了世界首台搭载量产V6引擎的汽车Aurelia。

蓝旗亚Thesis汽车曾被当作“礼物”送给教皇。

克莱斯勒

克莱斯勒是久负盛名的美国三大汽车公司之一，创建于 1925 年。因为管理有方，一直致力于创新、改进产品，它很快发展起来，成为比肩福特的汽车生产商。多年来，克莱斯勒制造了很多标志性及极富创意的车型，为人类汽车文明做出了突出贡献。

汽车档案

从 2010 年开始，克莱斯勒汽车开始使用流线型的飞翼标志做车标。

1924 年，沃尔特・克莱斯勒与另外几名设计师推出了“克莱斯勒 Six”汽车，这款车大受欢迎。第二年沃尔特・克莱斯勒就果断成立了克莱斯勒公司。

沃尔特・克莱斯勒和 " 克莱斯勒 Six" 汽车

克莱斯勒 Airflow（美国，1934年）
克莱斯勒 Town & Country（美国，1941年）
克莱斯勒 300（美国，1955年）
20世纪60年代，克莱斯勒300系列“大变身”，开始采用整体式车身。这就是极富美感和视觉冲击力的克莱斯勒 300F。
克莱斯勒 Laser（美国，1984年）
新一代克莱斯勒 300C（美国，2012年）

道奇

道奇汽车是美式汽车精神的卓越代表。100 多年来，无论是它的 SUV、皮卡，还是霸气的肌肉车，无不彰显出满满的硬汉风格。从这些车身上，我们能看到暴力美学的极致之美，也能探寻到沉淀其中的时代印记。

在字母车标“V”出现之前，道奇的标志一直是雄姿勃发的“羊头”。

道奇 Model 30（美国，1914 年）

1900 年，哥哥约翰·道奇和弟弟霍瑞德·道奇共同创立了道奇公司，最初主要为包括福特在内的厂商生产汽车引擎和底盘等零部件。从 1914 年开始，道奇走上了自己制造汽车的道路。

道奇 Luxury Liner（美国，1939 年）

道奇 Dart（美国，1960 年）

道奇挑战者 Challenger（美国，1970 年）

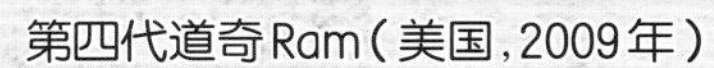

第四代道奇 Ram（美国，2009 年）

1992 年，极具侵略性的道奇蝰蛇 Viper 跑车面世。

Jeep

Jeep 诞生于硝烟弥漫的战争时代，一路走来，它始终秉持着无所畏惧的精神，展示着淋漓尽致的野性美。70 年来，Jeep 不变的是品牌内涵，更是信念和情怀。

汽车档案

Jeep

Jeep 汽车的车标简单明了，就是“吉普车”的英文意思。

第二次世界大战期间，因战争需要，标准化的吉普车开始登上历史舞台。随着时间的推移，它们逐渐成了各个战场的必备车。1950 年，“Jeep”正式被威利斯生产厂商注册，成为一个商标。

JEEP CJ-2A（美国，1945 年）

JEEP Jeepster（1948 年）

JEEP CJ-5（美国，1954 年）

JEEP Super wagoneer（美国，1966 年）
JEEP Wrangler（美国，1986 年）

2019 款第四代牧马人
JEEP 指南者 Compass（美国，2006 年）

法拉利

在汽车王国里，有这样一个庞大的“军团”。它们魅力四射，追求极限，永远对胜利、刷新纪录有莫大的渴望，似乎只为赛道而生。你猜到了吗？它们就是永葆激情的“赛车阵营”。法拉利就是其中的代表。

1947 年，赛车运动员出身的恩佐·法拉利在意大利创建了“法拉利汽车制造公司”，开始生产赛车。

法拉利 125 S（意大利，1947 年）

1952 ~ 1953 年，著名的“米兰飞人”阿尔贝托·阿斯卡利驾驶着 550F2 赛车所向披靡，连续横扫对手，两次拿到了 F1 世界锦标赛冠军。

法拉利 550F2（意大利，1951 年）

法拉利（Ferrari）250GT 加利福尼亚 Spider（意大利，1959 年）

法拉利250 GTO（意大利，1962年）
22
250GTO
法拉利F40（意大利，1987年）
法拉利F50（意大利，1995年）
法拉利Portofino（意大利，2017年）

玛莎拉蒂

1914 年，意大利玛莎拉蒂家族三兄弟共同创建了玛莎拉蒂公司，最初公司只是经营汽车改装及一些赛车方面的业务。后来，发展成了一个豪华汽车制造商。

玛莎拉蒂Tipo 26（意大利，1926年）

汽车档案

玛莎拉蒂的车标有一个象征着活力与力量的“三叉戟”。它的灵感来自意大利博洛尼亚广场海神雕塑手中的“武器”。

1930 年，在蒙扎大奖赛上，玛莎拉蒂的 Tipo 26M 赛车包揽了冠亚军。

玛莎拉蒂 250F（意大利，1954 年）

1954 ~ 1958 年，世界著名赛车手胡安·曼纽尔·方吉奥曾利用 250F 赢得 55 场比赛的胜利。玛莎拉蒂也因此名声大噪。

玛莎拉蒂 Quattroporte（意大利，1963 年）

玛莎拉蒂 Boomerang Italdesign（意大利，1971 年）

玛莎拉蒂 MC12（意大利，2004 年）

玛莎拉蒂 Levante SUV（意大利，2016 年）

阿尔法·罗密欧

1910 年，意大利投资财团接管法国汽车制造商 Alexandre Darracq 在米兰的工厂，成立了 Alfa 汽车公司。

阿尔法·罗密欧 24HP（意大利，1910 年）

阿尔法·罗密欧车标上的红色十字取自米兰城盾形徽章，而“吃人龙形蛇”图案则来源于一个古老贵族的家徽。二者结合组成了风格鲜明的车标。

第一次世界大战结束后，Alfa 于 1920 年正式更名为 Alfa Romeo。

阿尔法·罗密欧P2（意大利，1924年）

阿尔法·罗密欧Tipo 159（意大利，1951年）

阿尔法·罗密欧Giulia Sprint GTA（意大利，1965年）

1967 年，Alfa Romeo 又推出了一款赛道利器 Tipo 33。它同样为 Alfa Romeo 赢得了无数荣誉。

阿尔法·罗密欧新一代Giulietta（意大利，2010年）

宝马

宝马是欧洲乃至全世界最知名的汽车品牌之一。与许多公司追求量产第一不同，它一直以来都将汽车的品质、性能列为首要衡量标准。所以，我们才能见证那么多款“传奇车王”的诞生。岁月流逝，风云变幻，而宝马始终如一，魅力不减，风采更盛。

宝马车标的图案象征着蓝天、白云及螺旋桨，既代表着宝马曾经在航空发动机领域所取得的辉煌成就，又表达了希望宝马蓬勃向上的美好愿景。

宝马创建之初是一家飞机发动机的制造商，曾因设计生产直列六缸发动机出名。第一次世界大战结束后，宝马公司重组，同时转做摩托车。没过几年，它又将目光锁定在汽车领域，于 1929 年收购 Dixi 公司，正式踏足汽车制造业。1932 年，宝马生产出了自己的第一款汽车——3/20 AM-1。

328 车型是宝马品牌历史上重要的里程碑之一。

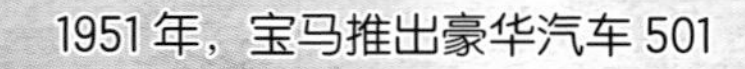

1951 年，宝马推出豪华汽车 501

宝马 507 跑车

宝马 Lsetta “气泡” 汽车（1955 年）

宝马 Neue klasse 1500（1961 年）

宝马 5 系 E12（德国，1972 年）

宝马3系E21（德国，1975年）

宝马7系E23（德国，1977年）

宝马8系E31（德国，1989年）

宝马Z8（德国，2000年）

宝马X6（德国，2008年）

宝马1系 M135i（德国，2012年）

宝马4系Gran coupe（德国，2014年）

宝马i8（德国，2014年）

宝马2系Active Tourer（德国，2015年）

宝马6系GT（德国，2017年）

MINI

从不被认可到大受推崇、风靡全球，从独树一帜到被争相模仿，MINI 用时间向我们证明，它们掀起了一场怎样的汽车技术革命。时光荏苒，MINI 作为小型汽车的引领者，早已变成一种时尚标签。直至今日，它们依然拥有青春与活力，为世人制造着各种惊喜。

宝马 MINI 的新车标依旧保留飞翼元素，看起来更加简洁、经典。

MINI Classic（德国，1959 年）

第一辆 MINI 是著名汽车工程师 Sir Alec Issigonis 的杰作。这款名叫 MINI Classic 的汽车不但采用前轮驱动的设计方式，而且还巧妙地安排了横置发动机和变速箱的位置，使车内空间实现了最大化。

MINI Cooper（德国，1961 年）

MINI Cooper 首次采用前轮盘式刹车系统，搭载双化油器发动机，功率比 MINI Classic 大很多，动力性能更为出色。很快，经过改良的“MINI Cooper S”就开始出征各种拉力赛，频频取得好成绩，一时间风光无限。

宝马一代MINI Cooper（德国，2001年）
宝马MINI Clubman（德国，2007年）
宝马MINI Coupe（德国，2011年）

劳斯莱斯

提起劳斯莱斯，大多人脑海中涌现的词语都是“顶尖”二字。事实上，一直以来，人们都用劳斯莱斯来定义奢华。正像有句话所描述的那样，“每个买好东西的人，只买劳斯莱斯”。劳斯莱斯代表的就是品质格调和不朽魅力。

1904年，英国汽车工程师亨利·莱斯与贵族出身的汽车经销商查理·莱斯一起创建了劳斯莱斯汽车公司。

汽车档案

劳斯莱斯汽车的标志，一个是双R，另一个是欢庆女神。两个R重叠在一起，体现了两位创始人融洽的关系。而女神象征着美丽、优雅、奢华与玲珑。欢庆女神的原型是一位叫埃莉诺·桑顿的女子，她和曾经在劳斯莱斯任职的约翰·蒙塔古之间有一段非常凄美的爱情故事。

劳斯劳斯幻影I（英国，1925年）

劳斯莱斯银云（英国，1955年）

劳斯莱斯古斯特（德国，2010年）

劳斯莱斯银影（英国，1965年）

劳斯莱斯幻影特别版（德国，2018年）

雪铁龙

驰名世界的雪铁龙是汽车行业中为数不多的先驱者，也是法国汽车品牌绝对的主角。一个世纪以来，它从齿轮开始出发，不断创新寻求突破，出色地塑造、生产了一系列法国独一无二的标志性汽车，最终开创出了属于自己的辉煌时代。

雪铁龙汽车用人字形齿轮形状做车标。

1924 年，雪铁龙又推出了全钢制车身的 B10 车型。这款车让雪铁龙声名鹊起，进一步打开了市场。之后，雪铁龙继续探索，一连生产出了几十种车型，成了法国的工业巨头。不过可惜的是，因为经济原因，雪铁龙不得不于 1934 年宣告破产，随后轮胎生产商米其林接管了它。

雪铁龙 B10

雪铁龙 2VC（法国，1948 年）
雪铁龙 Type-A 10VC（法国，1919 年）
雪铁龙 DS Berline（法国，1955 年）
雪铁龙 CX（法国，1974 年）
雪铁龙 C4 CACTUS（法国，2014 年）

标致

标致是世界上最早的汽车生产商之一，也是法国著名的工业品牌巨头。早在汽车实现商业化之前，标致就从事汽车制造、生产业务，距今已经有一个多世纪的时间了。作为“法兰西的荣耀”，标致不但有悠久、光辉的传奇历史，更有灿烂厚重的品牌文化。

1810 年，标致家族在法国小城索肖成立了“标致公司”，当时主要生产、加工一些金属零件。随着时间的推移，标致家族的生意越做越大，产品包括钢锯、弹簧、咖啡机……种类越来越多。19 世纪 80 年代以后，标致公司开始主做自行车和摩托车。1889 年，标致生产出了第一辆以“标致”命名的汽车。

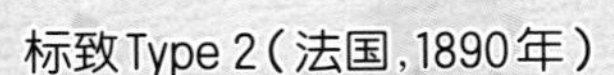
标致 Type 2（法国，1890 年）

标致 BP-1（1912 年）

标致401（法国，1935年）

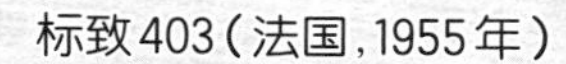

标致403（法国，1955年）

1965年，世界首辆配备前轮驱动的汽车标致204面世。

标致408（法国，2011年）

标致205（法国，1985年）

捷豹

1922 年，酷爱摩托车的威廉 · 里昂斯与朋友威廉姆斯 · 沃姆斯勒成立了一家摩托车公司，名为 Swallow Sidecar。五年之后，Swallow Sidecar 公司开始涉足汽车制造，为奥斯丁 7 型汽车设计车身，随后尝试开始制造汽车。1934 年，Swallow Sidecar 公司更名为“SS”公司，此时，公司已由威廉 · 里昂斯独自掌权。第二次世界大战结束不久，“SS”公司正式更名为“捷豹”。

捷豹SS100（英国，1935年）

捷豹XK120（英国，1948年）

捷豹E-TYPE（英国，1961年）

捷豹XJ220（英国，1992年）

捷豹XF（美国，2007年）

路虎

第二次世界大战结束后，执掌罗孚汽车公司的斯宾塞和莫里斯决定研制一款新车。很快，他们从一辆美国威利斯 JEEP 身上得到启发，于 1947 年打造了第一辆路虎原型车。

简洁、霸气的路虎车标。

路虎系列

路虎揽胜（英国，1970 年）

路虎系列 II（英国，1958 年）

路虎发现（英国，1989 年）
路虎神行者（德国，1997 年）
路虎揽胜极光敞篷车（印度，2015 年）

迈凯伦

相对其他汽车品牌而言，迈凯伦旗下的汽车种类不算多，但每一款都是难得的艺术珍品，风格特立独行，且性能极佳。半个多世纪以来，这些汽车仿佛专为赛道而生，用一个又一个纪录创造着速度巅峰，书写着迈凯伦的历史。一代传奇迈凯伦，就是超跑界永不谢幕的神话！

迈凯伦的创始人是布鲁斯·迈凯伦。他自幼对赛车十分痴迷，十几岁时就能亲手组装赛车。1960 年，年仅 22 岁的布鲁斯·迈凯伦在开始赛车生涯后不久，就拿到阿根廷大奖赛的第一名，成为 F1 历史上最年轻的冠军。这一纪录直到 2003 年才被打破。同一年，他创建了“布鲁斯·迈凯伦赛车有限公司”，开始装配赛车。

迈凯伦 M6GT（英国，1970 年）

迈凯伦 F1（英国，1993 年）

迈凯伦 MP4-12C（英国，2012 年）

迈凯伦 P1（英国，2014 年）

以车神埃尔顿 · 塞纳名字命名的特别车型“迈凯伦 Senna”。

迈凯伦车队是 F1 比赛中最成功的车队之一，一度与法拉利车队势均力敌。50 多年间，迈凯伦车队共获得过 13 个车手总冠军、171 个分站冠军，共有 19 位赛车手登上领奖台，其中就包括巴西巨星埃尔顿·塞纳。

摩根

或许，你觉得摩根汽车只是一个小众汽车品牌，或是汽车行业里的“新秀”。可事实上，这个英国汽车品牌的“年龄”已经有 100 多岁了。值得注意的是，直到今天，摩根依旧保持初心，采用纯手工的方式打造汽车。回首过往，那些独具匠心的摩根汽车非但不过时，反而每一辆都是难忘的经典。

汽车档案

摩根汽车的车标上既有象征速度的翅膀，又有引擎元素和摩根英文字样，充分诠释了其品牌文化。

摩根早期三轮汽车

因为生产线及员工人数的限制，摩根公司的产能有限，每年生产的汽车仅 1200 辆左右。有些汽车从下单到可以提车往往需要 1 ~ 2 年的时间，但毋庸置疑，每一辆摩根都是精品中的精品。

摩根 4/4（英国，1936 年）

摩根 Plus 4（英国，1964 年）

摩根Plus 8（英国，1968年）

摩根Aero 8（英国，2001年）

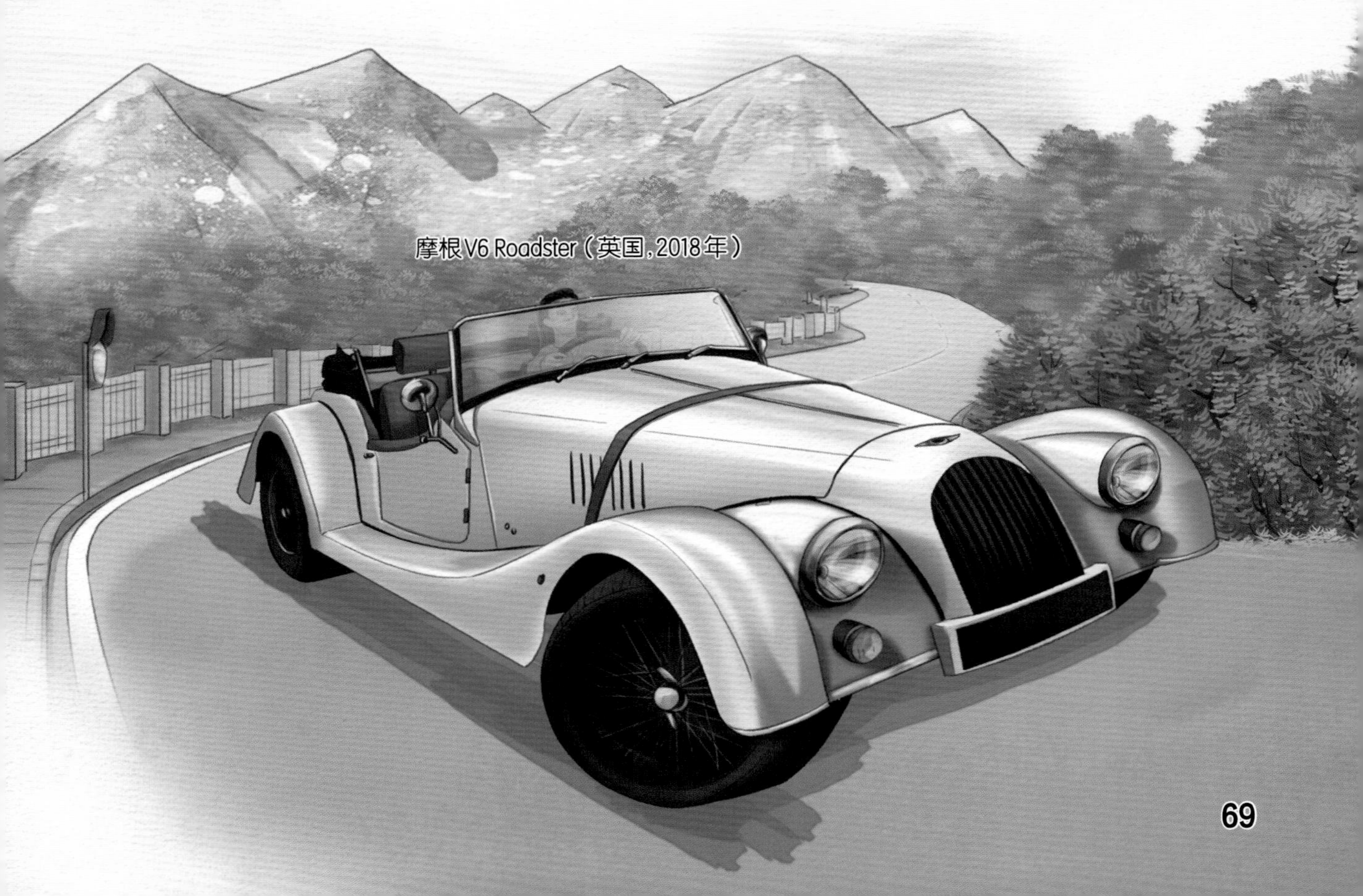
摩根V6 Roadster（英国，2018年）

沃尔沃

如果谈论起汽车安全，相信很多人第一时间都会想到沃尔沃。拥有 90 多年发展历程的沃尔沃，一直致力于将汽车安全与性能提升实现完美融合。长久以来，它俨然已经成了“汽车安全”的形象代言人。科学严谨的态度、不忘初心的信念、安全可靠的口碑……支撑着沃尔沃越走越远。

汽车档案

沃尔沃车标由代表铁元素的古老化学符号及古埃及字体 VOLVO 字样等元素构成。它寓意沃尔沃有着钢铁般的实力，必将一路发展、奋勇向前。

沃尔沃原本是瑞典知名轴承制造商 SKF 旗下的一个子公司。1926 年，在 SKF 集团销售经理 Assar Gabrielsson 和工程师 Gustav Larson 的努力下，沃尔沃从集团独立出来，于 1927 年正式成立“AB Volvo 公司”，开始生产汽车。

沃尔沃 OV4（瑞典，1927 年）

沃尔沃 PV36（瑞典，1935 年）

沃尔沃 P1800（瑞典，1960 年）

沃尔沃 140 （瑞典，1966 年）

沃尔沃 850（瑞典，1991 年）

沃尔沃 XC90 （瑞典，2002 年）

亚洲车系
本田赛车 Honda Racing

丰田

丰田是全球最大的汽车生产商之一，它旗下的汽车品类繁多，令人趋之若鹜的豪华车，彰显力量与动感之美的超级跑车，经济实用的平民化小型车，以科技、创新闻名的混合动力车……每一款都是品质过硬的精品，备受青睐和推崇。

汽车档案

丰田的车标由三个椭圆构成，外围的椭圆代表地球，中间的两个椭圆组成“T”字，代表丰田公司。

丰田的创始人是日本纺织大王丰田佐吉的儿子，名叫丰田喜一郎。1929年，在充分了解和学习欧美汽车制造产业之后，丰田喜一郎回到国内，开始潜心研究、制造汽车。1933年，他在纺织厂公司创立汽车部。1935年，坚持不懈的丰田喜一郎终于制造出了第一辆A1型轿车和一辆G1型卡车。1937年，丰田汽车部从纺织厂独立出来，正式成为“丰田汽车工业株式会社”，也就是我们所说的丰田汽车公司。

A1型轿车

丰田KB型卡车

丰田 Mode AA

丰田KC型卡车

丰田 KCY

丰田在朝鲜战争期间所制造的军用汽车

丰田 Tiara 车型

丰田Crown（日本，1955年）

第二代Crown

丰田Coralla（日本，1966年）

丰田Camry（日本，1982年）

丰田Prado（日本，1990年）

丰田Yaris（日本，1999年）

丰田IQ（日本，2008年）

雷克萨斯

尽管雷克萨斯的成长历程无法与一些欧美老牌豪车相提并论，不过，这个“新生儿”却一路过关斩将，在强手如云的高端汽车市场中大杀四方，脱颖而出。长久以来，它不断追求突破，敢于进行各种挑战，留下了一段段励志的传奇故事，在高端汽车市场领域掀起了一场又一场雷克萨斯风暴。

汽车档案

雷克萨斯汽车的车标外圈同样是一个椭圆，代表地球。中间类似小于号的标志是 Lexus 的首字母。它充分表示出雷克萨斯汽车畅销全世界的愿景。

雷克萨斯 LS 400（日本，1989 年）

20 世纪 80 年代末，丰田汽车推出了第一代雷克萨斯 LS 400。这款车搭载 4.0L V8 发动机，速度可达 250 千米 / 小时，动力性能丝毫不亚于奔驰 S 级、宝马 7 系这样的大牌名车。而且它当时配备着免提电话、全息投影仪表盘等一系列先进的顶级装置。

雷克萨斯 ES（日本，1989 年）

雷克萨斯 RX 300（日本，1998 年）

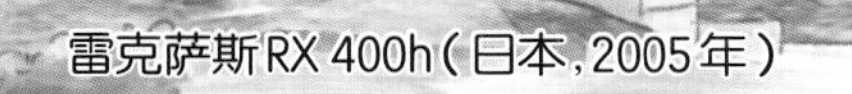
雷克萨斯RX 400h（日本，2005年）

雷克萨斯LX 570（日本，2007年）

2009 年，代表雷克萨斯巅峰之作的超级跑车 LFA 面世。这款跑车当时全球限量仅 500 辆。

第五代雷克萨斯 LS 车型（2017 年）

斯巴鲁

斯巴鲁原本只是一个名不见经传的日本汽车生产商，旗下的公路汽车都不怎么出名。然而，自从结缘赛车之后，斯巴鲁开始进入蓬勃发展期。很快，它通过拉力赛一步一步迎来了自己的鼎盛时代。以至于现在只要一提到拉力赛的历史，人们便会联想到斯巴鲁。

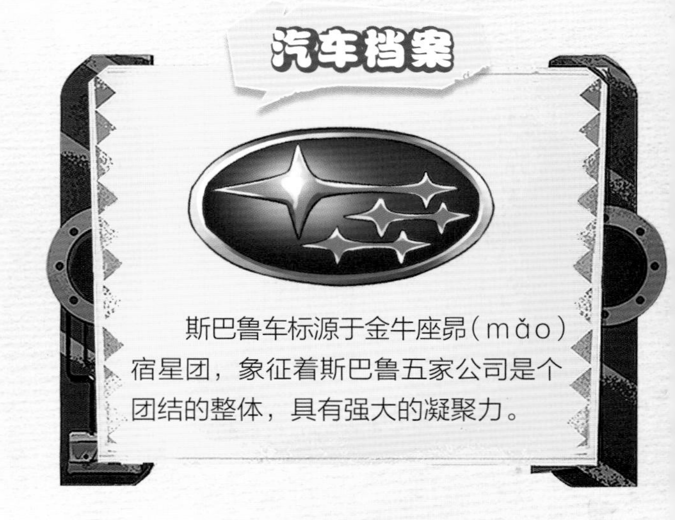

汽车档案

斯巴鲁车标源于金牛座昴（mǎo）宿星团，象征着斯巴鲁五家公司是个团结的整体，具有强大的凝聚力。

20 世纪 90 年代，斯巴鲁正式与英国 Prodrive 赛车工程公司成为合作伙伴，共同开启了拉力赛的光辉征途。

斯巴鲁 360

WRC 是世界汽车拉力锦标赛（World Rally Championship）的英文缩写。

斯巴鲁 Impreza 555（日本，1993 年）

1995 年，科林·麦克雷（Colin McRae）驾驶 Impreza 555 夺得了车手总冠军的荣誉。也是在这一年，斯巴鲁第一次成为车队年度总冠军。从那以后，斯巴鲁标志性的“蓝 – 黄”形象深入人心。

斯巴鲁 Impreza WRC99（1999 年）

从 1993 年出征世界拉力赛到现在，斯巴鲁共赢得了 47 场胜利。

斯巴鲁 Impreza WRC2000（2000 年）

本田

本田靠自行车辅助发动机发家，如今已经步入世界十大汽车厂家之列。本田凭借着永不服输和永远挑战的精神，不断奔驰向前。

汽车档案

本田汽车的车标为一个“带框的H”，看起来如同三弦音箱一般。其中“H”是本田Honda的首字母。

本田雅阁Accord（日本，1976年）

本田雅阁EX-R（日本，1981年）

本田雅阁230 TURBO（日本，2018年）

思域SB1（日本，1972年）

本田的发展是从 CVCC 发动机开始的，作为最早搭载 CVCC 发动机的车型，雅阁和思域一直活跃在大众视野中，凭借着不断的发展和进步从同类型的汽车中脱颖而出。

思域25i（日本，1983年）

三代思域在前代的基础上开创性地提出了“MM”理论，即乘员空间最大化，机械空间最小化，在同级轿车中实现了超大空间，能够给人比较舒适的驾驶体验。

本田八代思域（日本，2005年）

讴歌

讴歌是本田汽车公司旗下的高端子品牌，Acura 源于拉丁语中的“Accuracy”，意味着 “精确” 。而“精准”的含义体现在 Acura 最初的造车理念“精湛工艺，打造完美汽车” 。Acura 的中文名称“讴歌”取意为：对生活充满自豪和乐趣，人生充满活力，积极向上。

汽车档案

讴歌的标志是一个用于测量的卡钳，反映出讴歌精湛的造车工艺和追求完美的理念。

讴歌NSX（日本，1990年）

讴歌的成功不仅仅因为它优秀的技术，更在于它深刻了解用户，尽量满足客户的个性化需求，使它不仅是可靠的交通工具，而且具有豪华、舒适的性能。

讴歌RL（日本，1996年）

讴歌MDX1（日本，2000年）

讴歌TSX（日本，2003年）

讴歌NSX（日本，2018年）

马自达

马自达从三轮车厂起家，一路走来坎坎坷坷，石油危机和泡沫经济对它的打击接踵而至，但它从未放弃，一次次从危机中奋起。时至今日，它成了转子引擎的代名词，在众多品牌中独树一帜。

汽车档案

马自达的新车标中间是一个“M”字样的“海鸥”，象征着企业振翅高飞，走向未来。

马自达的前身是东洋软木工业，松田重次郎接任社长后改名东洋工业公司。1931年10月，马自达生产了三轮小卡车“马自达号”，这成了马自达造车的起点。之后，马自达几经沉浮，先后度过了战争、外国进口车大力冲击等艰难时刻，不过最终，在辉煌一段时间后，它被福特收购。

松田重次郎

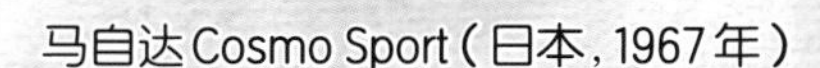

马自达Cosmo Sport（日本，1967年）

马自达Savanna RX-7（日本，1978年）

马自达Eunos Roadster（日本，1989年）

马自达MX-5 RF（日本，2016年）

日产

日产（NISSAN）的名字来源于它的前身：日本产业公司，简单易懂。日产，即日本生产。设计师似乎是想将这种简洁明了的风格贯彻到底，以至于它的标志就是“NISSAN”放在一个太阳上，充分表达了自己的名称、产地和特点。

日产汽车的车标比较简约，大圆环代表太阳，中间的字是“日产”的意思。

1933 年 12 月，日本产业公司，户田铸物公司注册成立汽车制造股份公司，次年 5 月更名为“日产汽车公司”。之后的日产不断寻找和学习国外的先进技术，并推出了 DATSUN 210 型轿车。此后，日产不断蓬勃发展，不但成为仅次于丰田和本田的日本第三大汽车公司，还成为世界十大汽车生产公司之一。

Datsun 210

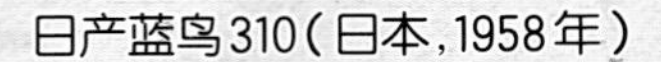
日产蓝鸟 310（日本，1958 年）

日产 Skyline GT-R（日本，1969 年）

因为日产汽车的座椅都十分舒适，就像家里的沙发，所以一直被人称为“日产沙发厂”。

日产GTR R34（日本，1999年）

日产阳光2004（日本，2004年）

日产途乐Y61（日本，2018年）

英菲尼迪

英菲尼迪是日产公司为了拓展北美市场而在美国建立的高端豪华汽车品牌，是一个出生在美国的日本孩子。从起初混乱不着头脑的发展方向，到靠着突破精神走出一条自己的道路，英菲尼迪充分诠释了年轻新厂在竞争激烈的今天的发展之道。

英菲尼迪车标的两根中间线延伸向前，象征不断前进，挑战无限的道路和信念。

英菲尼迪 Q45 G50（日本，1989 年）

英菲尼迪诞生于 1989 年，因为旗下汽车设计前卫独特，具有出色的产品性能，所以使其在与宝马、奔驰等品牌的竞争中取得了极大的胜利。2003 年，日产汽车公司出台了为期 5 年的“日产增值计划”，把英菲尼迪的全球推广作为战略举措，开始面向全世界发展。

英菲尼迪 G20（日本，1996 年）

英菲尼迪 QX4（日本，1997 年）

英菲尼迪在自己 20 岁生日之际打造了名为 Essence 的混合动力概念车，外形前突后缩的流线型继承了英菲尼迪一贯的设计风格。这款独特的概念车可谓是英菲尼迪 20 周年庆典的最佳贺礼，同时也是英菲尼迪对品牌未来发展的创新之作。

英菲尼迪 QX50（日本，2018 年）

英菲尼迪 Essence（日本，2009 年）

三菱

三菱重工历史悠久，是横跨数个领域的老牌财团。但是它的汽车制造历史可就没有那么丰富了，从 1918 年生产出第一台车之后，它打了一个 50 多年的盹，直到三菱汽车事业部从三菱重工中独立出来之后，汽车产业才真正步入正轨。

三菱Model-A

三菱Lancer Evolution（日本，1992年）
三菱日蚀95款（日本，1995年）
三菱EVO VI TM-V4（日本，2000年）
三菱EVO X（日本，2008年）

现代

1967 年成立的现代公司斥巨资创建新厂，使小汽车国产化达到 100%。现代生产的小马汽车更创造了销售奇迹，标志着韩国进入了世界汽车工业国的行列，奠定了现代汽车公司的国际地位。亚洲经济危机后，现代集团收购了起亚汽车厂，一举成为韩国最大的汽车集团。

汽车档案

现代汽车车标既像方向盘，又像地球，表达了现代汽车必将遍布世界各地的雄心。

现代Poney（韩国，1974年）

第五代 现代Sonata EF-B（韩国，2001年）

现代雅科仕 2014（韩国，2014年）

起亚

作为韩国最早的汽车工业公司，起亚创造了多个第一：韩国的第一辆自行车、第一台摩托车 C-100、第一辆小型三轮货车 K360、四轮厢式货车 Titan、第一部采用汽车发动机乘用轿车 Brisa。

起亚的车标以“KIA”为主体，象征起亚汽车崛起于亚洲，走向世界。

起亚 Sportage（韩国，1993 年）

起亚 Retona（韩国，1998 年）

双龙

1950 年，韩国河东焕汽车与美国威利斯合作，以 M38A1 为基础车型生产军用吉普。河东焕后来改名为东亚汽车，并购专门生产 SUV 的巨和汽车，最后成为双龙集团，20 世纪 80 年代被指定为韩国国防用车生产企业，成为韩国军用吉普最大供应商。

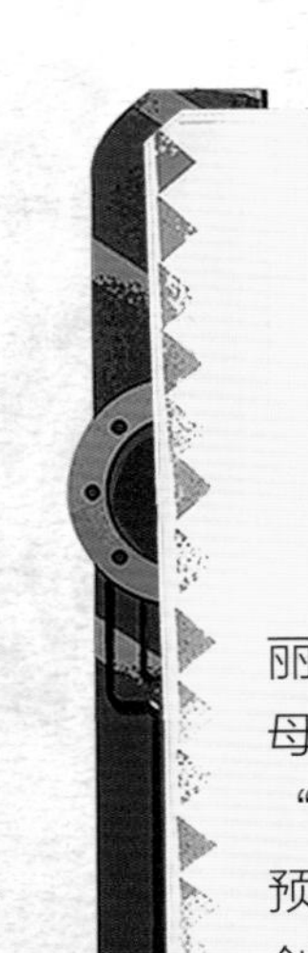

汽车档案

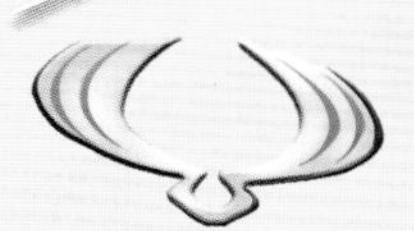

双龙汽车的车标源于一个美丽的神话故事。企业名称的首字母“S”被设计成了一个抽象的“8”字。就好像飞舞的龙一样，预示双龙汽车能够“扶摇直上”，创造辉煌佳绩。

双龙 Korando Family（韩国，1988 年）

双龙 Musso WordWide FJ（韩国，1993 年）

双龙雷斯特 Y200（韩国，2001 年）

双龙主席 CM600L（韩国，2007 年）

双龙新一代 TIVOLI（韩国，2019 年）

北汽

1958 年北京汽车厂成立，由朱德元帅亲笔题写厂名。这是继长春第一汽车制造厂之后我国兴建的第二家大型汽车制造企业，堪称中国汽车工业的先驱和北京汽车工业的摇篮，是中国汽车工业的骄傲。

北京汽车建厂以来，生产的车型有多款作为阅兵检阅车出现在大众视野中，可谓是“检阅车专业户”，见证过一个又一个重要的历史时刻。

汽车档案

北汽以“北”字为核心，设计出了既像大门，又像跳舞人的车标，充分体现了北汽开放包容及“以人为本”的精神。

BEIJING

北汽汽车有时也采用新的字母式车标，相比较而言，它更加时尚、年轻、大气。

北汽井冈山（中国，1958 年）

北京 BJ212（中国，1966 年）

北京 BJ-136（中国，1985 年）

北汽勇士（中国，2005年）

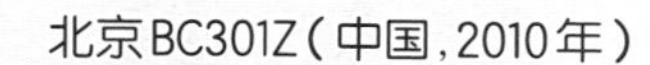

北京BC301Z（中国，2010年）

北汽绅宝（中国，2012年）

北京BJ40（中国，2013年）

北京BJ80（中国，2016年）

北汽EH400（中国，2016年）

北汽EX360（中国，2017年）

解放

在中国汽车史册的第一页，有一个名字赫然在列，它就是我们俗称的“老解放”。可以说，“解放”就像一把钥匙，彻底打开了中国尘封多年的科技枷锁，使中国进入了全新的汽车时代。今天，解放在历经岁月磨砺之后，仍旧以绝对的实力稳居中国商用车、卡车的榜首。

第一批解放牌汽车 CA10

汽车档案

解放汽车由毛泽东主席亲自命名，当时车头所用的字体来自毛主席为《解放日报》所题写的“解放”二字。

解放汽车的新车标以“一汽”为核心，形似一只翱翔在天际的雄鹰。

解放 CA141（中国，1981 年）

解放 J3CA150PL2（中国，1995 年）

解放J4（中国，1997年）

解放J5（中国，2004年）

解放J6（中国，2007年）

上汽

近年来，随着自身实力的进一步增强，上汽集团早已从曾经的“中国四大汽车厂商之一”变为中国第一大汽车制造商。不仅如此，它还走出国门，与各国汽车厂商合作，成了一家名副其实的跨国企业。而今，上汽以王者姿态“统领”着中国汽车市场，继续创造着属于它的历史。

凤凰牌轿车

1958年9月28日，第一辆凤凰牌轿车在上海汽车装配厂试制成功，实现了上海汽车工业轿车制造“零”的突破。改革开放以后，上汽抓住机遇，在1984年与德国大众集团签订协议，成立了上海大众汽车有限公司，正式开启了崛起之路。

上海牌SH760（中国，1958年）

简约但霸气的MG车标。

上汽荣威的车标主体是两只站立的狮子，具有贵族格调和古典气质，辨识度颇高。

上汽大通新车标

名爵MG6（中国，2019年）

上汽荣威RX5（中国，2016年）

大通 MAXUS D60
（中国，2019年）

东风

十堰是东风汽车事业的发源地，东风汽车在这里经历了多次改革与进步。50 年前，第二汽车制造厂在这里选址，发展起军工事业，在既没资源又没技术的情况下造出了 EQ240 车型。此后，二汽由军转民，正式进军民用车市场，开始了东风的辉煌。

汽车档案

东风汽车的车标是醒目的双飞燕标志。它代表东风能像飞鸟一样翱翔并冲向广阔的蓝天，寓意东风自强不息的精神。

东风 EQ140-1（中国，1978 年）

东风 EQ153（中国，1990 年）

神龙富康 988（中国，1996 年）

东风风神 AX7（中国，2014 年）

东风风神 D53 风神奕炫（中国，2019 年）

红旗

对很多人来说，红旗就像一颗凝聚国人自强信念的火种，蕴含着特殊的民族情怀。它从激情燃烧的年代走来，既创造过辉煌的历史，也经历过难言的低谷，作为中国轿车工业的“领路人”，它的精神一直被人们传承。

汽车档案

红旗汽车原本有两个车标。一个是简单明了的红旗二字，还有一个是“迎风飘扬”的红旗标志。不过，近年来，红旗推出了更加大气、尊贵的立体盾形标志。

红旗 CA72（中国，1959 年）

红旗 CA770（中国，1965 年）

红旗 CA772（中国，1969 年）

红旗CA7220（中国，1996年）
红旗HQE概念车（中国，2009年）
红旗H7（中国，2014年）
红旗H7

奔腾

虽然与“解放”和“红旗”相比，奔腾还算是个初出茅庐的“晚辈”，但它凭借出色的品牌号召力和精益求精的品质，短短十几年间就成长为一汽重要的“金字招牌”，并迅速跻身国产汽车品牌的前列。时至今日，奔腾已经变成了人们眼中的国产汽车“代言人”。

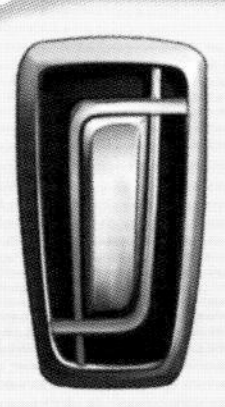

2018 年，奔腾汽车开始使用全新的车标“世界之窗”。这扇“窗”连接着消费者、全世界及奔腾的未来。

奔腾 C301（中国，2006 年）

奔腾 B50（中国，2008 年）

2008 年，在一汽发布奔腾将以“B”为产品系列标识，并根据车型大小划分为不同系列以后，C301 的名字变为“B70”。

奔腾B90（中国，2012年）

B90是奔腾首款搭载T动力的车型，T动力的意思是，汽车的发动机运用了涡轮增压技术，这种技术可以提高发动机的动力性能。

奔腾X80（中国，2014年）

奔腾T99（中国，2019年）

传祺

传祺是广汽集团为了提高核心竞争力而研发的自主品牌。2010 年 12 月，首款传祺 GA5 轿车成功推出市场，随后陆续推出多款车型，在技术、配置和品质等各个方面都具备了与同级别品牌一较高下的能力。接下来，传祺 GS4、GS7 相继在北美车展全球首发，成为北美车展百余年历史上首个进入主展馆的中国品牌。2014 年，传祺全系车型参演电影《变形金刚 4》，在其中表现抢眼，足以彰显广汽传祺的质量已经得到了世界的认可。

传祺车标的灵感来自广汽集团英文缩写“GAC”中的字母“G”。同时它还有全球化、卓越、荣耀等多重含义。

广汽传祺 E-jet（中国，2014 年）

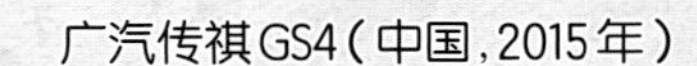

广汽传祺 GS4（中国，2015 年）

广汽传祺GA5（中国，2010年）

2017年在北美车展上亮相的传祺GS7

广汽传祺GM8（中国，2017年）

长安

长安汽车的历史悠久，资历丝毫不亚于一些进口汽车品牌。一路走来，它始终在岁月的大潮中奋楫笃行，用敢于突破自我的勇气和一往无前的精神创造了一个又一个历史，取得了很多辉煌成就。

长安汽车的车标主体是“矛盾组合”，兼具古典与现代美。

1862 年，洋务运动的发起人之一李鸿章创办了中国最早的兵工厂——上海洋炮局，这便是长安汽车的前身。后来，上海洋炮局“辗转”多地，最终“落户”重庆。新中国成立后，它改制成为重庆兵工厂，于 1958 年开始生产汽车。1984 年，这家军品企业正式踏足汽车行业。

长安长江 46（中国，1957 年）

长安 SC112（中国，1984 年）

长安之星（中国，1998年）

长安奔奔（中国，2006年）

长安杰勋（混合动力）（中国，2008年）

长安悦翔（中国，2009年）

长安逸动（EADO）（中国，2011年）

长安欧力威（中国，2013年）

长安CS75（中国，2013年）

长城

说起国内汽车品牌，有一个名字不得不提，那就是长城。作为中国自主品牌的重要代表，长城的发展历程只不过有短短的三十几年，可它却凭借超凡的实力，在经济腾飞的热潮中，屡创佳绩，一跃成为中国 SUV 及皮卡的领导者。潜心造车，深耕细作，年轻的长城所迈出的每一步都是在创造历史。

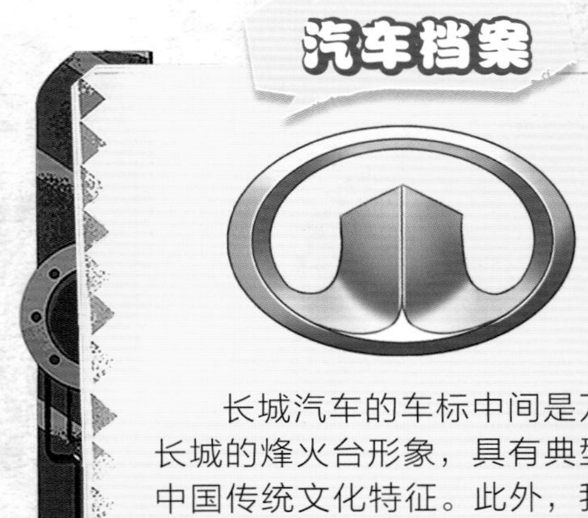

长城汽车的车标中间是万里长城的烽火台形象，具有典型的中国传统文化特征。此外，我们从中还能看到“箭头”和“立体1”，这蕴含着长城汽车“永争第一，无坚不摧”的企业精神。

长城CC1020（中国，1993年）

长城迪尔（中国，1996年）

长城赛铃（中国，2001年）

长城赛弗（中国，2002年）

长城哈弗 CUV（中国，2005年）

长城风骏（中国，2006年）

长城哈弗 H6（中国，2011年）

长城哈弗 M4（中国，2012年）

长城哈弗 H8（中国，2013年）

奇瑞

对于很多汽车企业来说，奇瑞无疑是一个非常励志、成功的范本。它只用二十几年的时间,就跻身主流汽车企业的行列，让整个中国汽车行业都为之震撼。超强的制造能力、完善的研发体系，帮助奇瑞在发展壮大的过程中，取得了一个又一个丰硕的成果。未来，奇瑞必将利用这一优势创造更多佳绩。

象征科技、品质与未来的奇瑞汽车车标。

1997年，奇瑞汽车公司正式成立。两年之后，奇瑞第一辆汽车“出世”。令人吃惊的是，2007年奇瑞第100万辆汽车就下线了。与此同时，奇瑞作为自主汽车品牌的中坚力量，开始进入飞速发展的新时期。

奇瑞经典车型QQ堪称“开国元勋”，一上市便凭借圆润可爱的造型和经济实惠的价格吸引了众多国内年轻消费者的眼球。

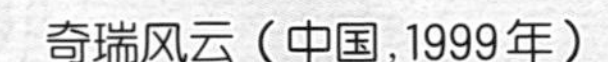

奇瑞风云（中国,1999年）

奇瑞QQ（中国,2003年）

奇瑞A3（中国，2008年）

新瑞虎5（中国，2015年）

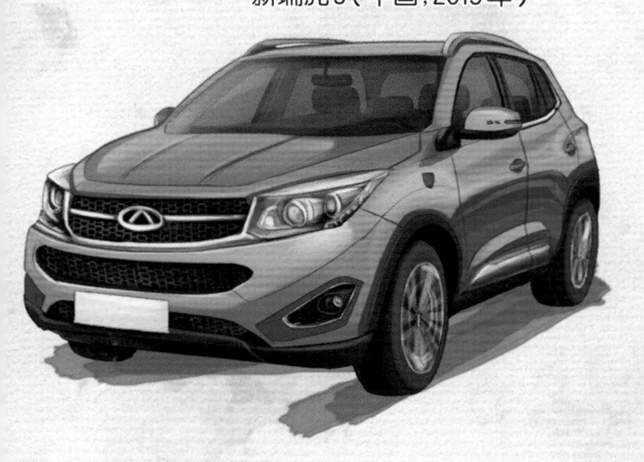

奇瑞艾瑞泽GX（中国，2018年）

比亚迪

大名鼎鼎的比亚迪想必大家都知晓，可是或许你不了解，这个崇尚“向新而生”的品牌进入汽车生产行业的时间很短。但它硬是凭借一往无前的进取精神，闯出了一番广阔天地。在不断自我超越的路上，比亚迪努力探索，坚持技术创新，最终成长为中国乃至世界首屈一指的新能源引领者。

比亚迪的车标比较简单，由三个意为“成就梦想（build your dreams）”的英文首字母和一个椭圆构成。

比亚迪F3（中国，2005年）

比亚迪 F3DM（中国，2008 年）

比亚迪G3（中国，2009年）
比亚迪 G6（中国，2011年）
比亚迪 E6（中国，2011年）

比亚迪速锐（中国，2012年）

比亚迪S7（中国，2014年）

比亚迪秦pro（中国，2018年）

比亚迪汉（中国，2020年）

第一眼看到比亚迪汉，你就会被它炫酷的外形深深吸引。